PRINCIPES DE DROIT

ET DE

JURISPRUDENCE MUSULMANE

PARIS

TYPOGRAPHIE ET LITHOGRAPHIE Vᵉ RENOU ET MAULDE

144, RUE DE RIVOLI, 144

1887

DROIT MUSULMAN

Par Sautayra et Cherbonneau

(T. II. — P. 43. — N° 536.)

Il n'y a donc, en droit musulman, ni communauté de biens, ni même régime dotal dans l'acception que nous lui donnons en droit français; mais un régime à part, qui se rapproche de celui de la séparation de biens, avec cette différence, cependant, que la femme, tout en conservant l'administration de la totalité de ses biens et la jouissance de ses revenus, n'est pas tenue de contribuer aux charges du mariage.

(T. II. — P. 44. — N° 539.)

Le montant de la dot est fixé, soit par le contrat de mariage, soit par la coutume, soit dans les mariages par téfouid ou par tahkim. par la déclaration du tiers auquel la fixation est dévolue.

(N° 540.)

La fixation faite par le contrat de mariage ne donne lieu à aucune difficulté, lorsque les dispositions contractuelles sont claires et précises, ou du moins ces difficultés sont résolues par le contrat même.

C'est ainsi que le tribunal de Constantine, statuant par voie d'appel sur une contestation relative au reliquat d'une dot, a rendu, le 25 juillet 1870, un jugement portant :

« Attendu que l'appelant (Amar) a produit à l'appui de ses
« prétentions, un acte qui fixe à 500 francs la dot de Fatma Bent
« Merzoug ;

« Attendu que c'est à tort que le kadi n'a pas accordé foi
« à cet acte, sous le seul motif qu'il n'est pas transcrit sur les re-
« gistres ;

« Attendu que cet acte présente d'ailleurs tous les caractères
« d'authenticité désirables en matière musulmane, et que le kadi
« n'aurait pas dû ouvrir une enquête pour fixer le montant de la
« dot et les conditions du mariage, qui se trouvent suffisamment
« déterminées par l'acte produit ;

« Infirme. »

(P. 52. — N° 551.)

Telles sont les règles relatives à la fixation de la dot ; mais de
ce que la dot est fixée, il ne s'ensuit pas toujours qu'elle soit due
en totalité. La femme ne peut, en effet, réclamer l'intégralité de la
dot stipulée qu'autant :

Qu'elle a cohabité avec son mari ;

Ou qu'elle a séjourné pendant un an dans le domicile conjugal, parce qu'un séjour aussi prolongé est assimilé légalement à la
cohabitation ;

Ou enfin que le mariage a été dissout par la mort de l'un des
époux, sans répudiation préalable.

Et tant que la femme ne se trouve pas dans un de ces trois cas,
elle ne peut réclamer que la moitié de la dot.

D'où les trois règles :

1° Que la femme a droit, dès que son mariage est conclu, à la
moitié de la dot stipulée ;

2° Qu'elle gagne l'autre moitié par la cohabitation, par sa mort ou celle de son mari ;

3° Qu'elle perd tout droit à la seconde moitié, lorsqu'elle est répudiée avant la célébration du mariage.

(P. 54. — N° 553).

C'est donc avec raison que la Cour d'Alger a pu dire dans son arrêt du 6 mars 1867 : « Attendu qu'en droit musulman le paye- « ment intégral de la dot devient obligatoire pour le mari par sa « cohabitation avec sa femme ».

(P. 60. — N° 558).

La dot est, en principe, assimilée à un prix de vente. Elle est donc soumise aux mêmes règles que lui en ce qui concerce le payement ou la livraison, la garantie et les pertes ou détériorations.

Par suite : la dot doit être payée ou livrée dans le lieu fixé dans le contrat ou la convention, et, s'il n'y a pas eu de stipulation faite à ce sujet, le payement où la livraison seront réputés valables dans quelque lieu qu'ils aient été faits.

Le payement peut être anticipé. Il a lieu aux frais du mari débiteur, sauf conventions contraires.

(P. 63. — N° 560).

Voyons maintenant qui peut recevoir et donner valablement quittance.

Lorque la femme est majeure, qu'elle est affranchie du droit de djéber, c'est elle et elle seule qui a qualité pour recevoir. Le texte le déclare en termes formels : « La femme libre de sa personne « recevra elle-même sa dot ». Et Sidi Brahim Tataï ajoute, en forme de commentaire : « Si la femme n'a ni père ni tuteur dési-

» gnés, c'est elle-même qui perçoit sa dot et non pas un de ses
« parents. Si pourtant l'un de ces derniers l'avait touchée, la
« femme ou son mari sont en droit d'en poursuivre la restitution ».

(P. 66. — N° 565).

Mais ceux qui ont le droit de recevoir ont-ils le pouvoir de faire
remise de tout ou partie de la dot? Il faut distinguer. Est-ce la
femme qui consent la remise? Il y a lieu de rechercher si elle est ou
non maîtresse de ses actions; si elle est rachida, maîtresse de ses
actions, le droit lui est reconnu en termes exprès par le texte :
« La femme maîtresse d'elle-même a le droit de faire remise de sa
« dot, et ce qui a été donné ou remis ne peut plus être réclamé. Si
« cependant la remise avait lieu avant la célébration du mariage,
« le mari serait tenu de payer le minimum de la dot fixé par la loi
« pour rendre le mariage valable ».

(P. 67. — N° 566).

Qui doit payer? Qui peut être légalement contraint? En principe, la dot est due par le mari; c'est donc à lui que la femme ou
ses ayants droit doivent généralement s'adresser. Le texte le porte
en effet : « Si le mari a des ressources suffisantes, c'est à lui qu'in-
« combe l'obligation de payer la dot, sauf conventions contraires ».

(P. 72. — N° 571).

Le payement de la dot, se prouve :

1° Par écrit :

Le mari établit donc sa libération lorsqu'il produit un reçu de
celui qui avait qualité pour recevoir.

La jurisprudence exige toutefois que le reçu, pour faire preuve, mentionne que les espèces ont été livrées en payement de la dot stipulée (arrêt de la Cour d'Alger du 12 mars 1862).

Le mari prouve également sa libération par la mention du payement faite dans le contrat de mariage. Ce contrat est dressé en présence des parties, et chacune de ces énonciations doit, par suite, être considérée comme ayant été l'objet d'un consentement exprès ; aussi le texte dit-il : « Si le contrat porte que le mari a payé tant, « cette indication suffit pour établir que la femme a touché la « somme indiquée ».

(P. 75. — N° 572).

La femme devient propriétaire de la dot. C'est ce qui résulte du droit qui lui est reconnu de la recevoir et d'en donner quittance (n° 560), d'en faire remise ou abandon à son mari (n° 565), de la céder ou la vendre à des tiers (n° 563). Et c'est en effet ce que le kadi malékite d'Alger a constaté, en termes formels, par son jugement du 18 décembre 1867, portant : « Attendu que la femme « Zohra est propriétaire de la maison dont s'agit, puisqu'elle l'a « reçue en dot ; que, par suite, elle peut en disposer à son gré et « exercer sur elle tous les droits de propriétaire ».

(P. 77. — N° 575.)

Comme seconde conséquence de ce qu'elle est propriétaire de sa dot, la femme a seule qualité pour intenter une action judiciaire ou pour y défendre.

« En tout état de cause, dit l'auteur de l'ouvrage intitulé : « *El Tohfa*, la femme peut intenter une demande ; c'est l'opinion de « tous les jurisconsultes. » Et, en fait, nous la voyons actionner son mari pendant la durée de l'union conjugale (kadi de la 20° circonscription de Constantine, 25 juillet 1864 ; kadi de la 2° circonscription de Constantine, 22 avril 1866 ; kadi de Bône, 11 mars 1871 ;

kadi de Blidah, 20 mai 1871 ; kadi de la 10ᵉ circonscription d'Alger,
15 novembre 1872).

La femme peut, même après avoir obtenu jugement, faire
saisir et vendre les biens de son mari pour obtenir paiement de sa
dot, et même exercer contre lui la contrainte par corps.

(P. 83. — Nᵒ 583.)

Lorsque le mariage a été célébré, la femme a droit à la totalité
de la dot stipulée ; c'est la règle qui le dit ; mais la règle reçoit
exception lorsque, suivant l'expression des jurisconsultes Musulmans, la femme porte volontairement préjudice à son mari, lorsque, par une conduite coupable, elle oblige celui-ci à la répudier ;
ce qui arrive dans les trois cas suivants : 1ᵒ lorsque la femme était
enceinte au moment où elle a célébré son mariage ; 2ᵒ lorsqu'elle se
rend coupable d'adultère ; 3ᵒ lorsqu'elle renie sa foi religieuse. Dans
ces trois cas, la femme est tenue de restituer la partie de la dot
qu'elle a reçue, et le mari est déchargé de l'obligation de payer ce
qu'il pouvait devoir encore.

(P. 88. — Nᵒ 589.)

Les tribus juives de l'Arabie connaissaient et pratiquaient
l'augment de dot avant que Mahomet ne parût. Le Koran, en l'au-
torisant par le verset 28 de la sourate IV : « Il n'y a aucun crime à
« stipuler des conventions en sus de ce que la loi prescrit », n'a
fait que consacrer une institution déjà existante. Dans l'une comme
dans l'autre de ces législations, l'augment est considéré comme un
accroissement de dot et suit les règles tracées pour la dot elle-
même. Il y a néanmoins quelques différences de détail ; ainsi, les
Juifs exigent que l'augment soit consigné dans le contrat de mariage ; la loi musulmane permet, au contraire, de constituer l'aug-

ment par un acte postérieur. « Le mari, dit Mouradja d'Ohsson, est
« maître, dans tous les temps, d'augmenter la dot. » La loi hébraï-
que tend à faire de l'augment un *præmium virginitatis*. Chez les Musulmans, l'augment, dès qu'il est constitué, est dû en totalité ou en
partie, suivant que le mariage est maintenu ou dissous par la répudiation. Mais la différence la plus caractéristique consiste en ce
qu'en droit musulman l'augment revêt, en cas de mort du mari, le
caractère de la donation et ne produit effet qu'autant qu'il y a eu
remise effective des objets compris dans l'augment. C'est ce que
Sidi Khalil a consacré en ces termes : « Cet augment ne pourra être
« réclamé par la femme si le mari meurt avant d'en avoir fait
« livraison. »

3.

PRÉCIS DE JURISPRUDENCE MUSULMANE

Par M. Perron

(T. II. — P. 433.)

L'époque du payement de la dot matrimoniale en tout ou en partie peut-être renvoyée au moment où le mari se trouvera en position de l'acquitter, pourvu qu'il soit d'une condition aisée (et que, possédant, par exemple des marchandises, il attende les mouvements prévus du commerce.)

(P. 434.)

Il est d'obligation canonique de livrer le plus promptement possible à la femme le don nuptial, une fois qu'il est déterminé et convenu (et lors même que la femme est trop jeune pour la cohabitation, ou que le mari est encore impubère.)

(P. 458.)

Deux conjoints sont-ils convenus en particulier, et entre eux seuls, de tel don nuptial, on s'en tiendra uniquement à la convention, si ensuite, en public, ils récriminent sur la réalité des accords (pour la valeur, ou pour la nature des objets).

(P. 464.)

Le don nuptial coutumier est la valeur prosposée à tel mari, comme expression du prix à attacher à une épouse, sous le rapport des qualités religieuses, de la beauté, de la distinction méritée à la famille par un renom de générosité et d'élévation d'âme, sous le rapport aussi de la richesse, du pays.

(P. 467.)

La femme a le droit de disposer d'elle-même (c'est-à-dire de

maintenir le mariage ou d'exiger la répudiation) quand le mari
vient à manquer à certaines conventions acceptées.

(P. 487.)

La femme qui n'est plus soumise à l'autorité paternelle, qui
n'a ni tuteur tesmentaire, ni tuteur désigné par le kadi, qui est
maîtresse de ses actes, recevra toujours elle-même le don nuptial.

(P. 497)

Si la femme, contrairement à l'assertion du mari (et à défaut
de preuves), nie qu'elle ait rien reçu de ce qui est échu de la dot
nuptiale, et si la contestation précède la consommation du mariage,
la dénégation, avec serment, de la part de la femme (émancipée et
maîtresse de sa personne), fait seule autorité. Quant à la femme
mineure, c'est son ouali ou représentant qui doit jurer pour elle ;
s'il refuse de jurer, il reste redevable à la femme de ce qu'elle déclare n'avoir pas reçu ; il serait de même redevable envers la femme
si, par négligence, il n'avait exigé le serment du mari qu'après le
mariage consommé. Si la contestation et la dénégation de la femme
ont lieu après qu'a été consommé le mariage, la déclaration, avec
serment, de la part du mari, fait seule autorité. Car, en général, la
femme ne livre pas ce qu'elle vend de sa personne avant d'en recevoir le prix. Si le mari était encore mineur, son représentant jure-
rait pour lui. Néanmoins il est certaines distinctions faites par des
légistes. Ainsi la réclamation du mari, après le mariage consommé,
ne sera acceptée comme vérité que — s'il n'y a pas, disent le kadi
Abd-el-Ouabhâb et El Abhari, d'acte écrit dans lequel la dot soit
mentionnée et, dans le cas où cet acte existe, la parole de la femme
est seule acceptée ; — ou s'il est d'usage dans le pays, dit le kadi
Ismaïl, de ne pas renvoyer le paiement de la partie échue de la dot,
après les premières relations conjugales. Quand cet usage est en
vigueur, la dénégation faite par la femme, après que le mariage est
consommé, est seule acceptée.

CODE CIVIL MUSULMAN

Par MM. d'Ohsson

DU DON NUPTIAL

(T. V. — P. 172.)

C. — C'est la religion qui exige du mari ce sacrifice, pour légitimer, d'autant plus, ses jouissances dans l'état de mariage, et ses droits sur la personne de la femme.

Ce don est ou contractuel, mihr-musémma, ou coutumier, mihr-missl : l'un dépend de la générosité du mari ou d'une convention expresse entre les conjoints ; mais dans tous les cas, il doit être au moins de la valeur de dix talents ; l'autre, s'il n'a été fait aucune stipulation, se règle, au besoin, suivant la naissance, l'âge, la fortune et la condition de la femme. Elle acquiert un droit légitime à ce don immédiatement après la consommation du mariage, ou à la suite d'un entretien privé avec son mari, ou, en cas de mort de l'un des conjoints, sans même leur cohabitation.

Ce don doit être remis en entier, quand même il y aurait séparation de mariage, soit pour cause d'impuissance de la part du mari, soit parce que la femme n'aurait pas été vierge, ou que l'un des conjoints aurait apostasié; et si même le mari répudiait sa femme ou abjurait sa foi avant la consommation du mariage, il n'en serait pas moins tenu de la moitié de ce don nuptial.

L'union d'un patron avec son esclave après son affranchissement absolu, est le seul cas qui puisse exempter un homme de cette *Dette sacrée* envers sa femme, parce qu'à l'égard de l'esclave, le présent de la liberté tient lieu de don nuptial.

C. — Loi établie par le Prophète, lorsqu'il épousa Safiyé, son esclave, après l'avoir affranchie.

V. — Malgré l'imposante autorité de cet exemple, donné par l'apôtre céleste, l'Imam Azam et l'Imam Mohammed croient que, dans ce cas même, le mari ne peut se dispenser du don nuptial envers son épouse.

Enfin le mari est maître, dans tous les temps, d'augmenter ce don, de même que sa femme peut l'acquitter d'une partie, et même de la totalité de cette obligation.

DROIT MUSULMAN

Par MM. Sautayra et Cherbonneau

(T. Iᵉʳ. — P. 178. — Nᵒ 184)

Le mariage crée entre les époux des droits et des devoirs.

(Nᵒ 185.)

Dans les anciennes coutumes arabes, la femme était considérée comme la chose de son mari, au point qu'elle était comprise dans sa succession, et qu'elle passait au même titre qu'un objet mobilier aux mains de ses héritiers. Le Koran apporta à cet état de choses une modification profonde ; il releva la femme en posant le principe de l'égalité des droits et des devoirs entre époux.

« Les femmes, à l'égard de leurs maris, porte la sourate II, « v. 228, et ceux-ci à l'égard de leurs femmes, doivent se conduire « honnêtement. »

Et Mahomet, dans son discours au Djebel Arafat, confirma ce précepte : « O hommes, dit-il, vous avez des droits sur vos femmes « et vos femmes ont des droits sur vous ! »

ENTRETIEN

(P. 182. — N. 193.)

Le mari est obligé de pourvoir à l'entretien de sa femme et des domestiques attachés à son service, quand même cette femme et ces domestiques n'appartiendraient pas à la religion musulmane.

Cette obligation commence pour le mari à la célébration du mariage, elle se continue pendant l'union conjugale et subsiste même après la dissolution dans quatre cas particuliers.

N. 195.)

L'obligation continue pendant le mariage, parce que pendant toute sa durée, la femme est sous la puissance du mari; aussi décide-t-on que le mari est tenu de pourvoir à l'entretien de sa femme, même lorsqu'il est malade, atteint d'impuissance, retenu prisonnier ou qu'il accomplit un pèlerinage. Il y est tenu également tant que la femme reste au domicile conjugal, quand même elle désobéirait à son mari, qu'elle deviendrait malade ou serait atteinte de vices de conformation qui autorisent l'exercice du droit d'option.

(P. 183. — N. 196.)

L'obligation du mari subsiste aussi après la dissolution du mariage, mais alors seulement que la femme est en eudda, qu'elle est enceinte, qu'elle allaite l'enfant issu de son union, ou qu'elle devient veuve.

(P. 185.)

Quant à la veuve, elle puise son droit à l'entretien dans un verset du Koran : « Ceux d'entre vous qui mourront laissant après « eux leurs femmes, assigneront à celles-ci un legs destiné à leur « entretien pendant une année et sans qu'elles soient obligées de « quitter la maison. »

(P. 185. — N° 197.)

Le mari doit donc pourvoir à l'entretien de sa femme, mais dans quelles limites? Les jurisconsultes ont d'abord établi en thèse générale, que lorsque le mari etait riche, il devait un entretien somptueux, et lorsqu'il était pauvre, un entretien suivant ses ressources.

(P. 186.)

Et l'on a donné à la loi la formule que Sidi Khalil a reproduite dans son Précis de Jurisprudence : « Le mari doit l'entretien suivant « l'usage ordinaire, suivant sa position et la condition de la femme, « eu égard au pays où l'on se trouve et aux prix des denrées. »

(N° 198.)

Il est pourvu à ces frais, pendant le mariage, au fur et à mesure que les besoins se produisent, c'est-à-dire au jour le jour, et le mari a la faculté de s'acquitter envers sa femme en nature ou en argent ; mais lorsque l'entretien est dû après la dissolution du mariage, alors que les époux ne vivent plus ensemble, les frais en sont fixés en argent et sont déterminés, suivant les circonstances, par jour, par mois, par année. Ils sont alors, en général, payables d'avance.

(N° 200.)

Et si le mari ne pourvoit pas aux frais d'entretien, qu'il soit sur les lieux, en voyage ou qu'il ait disparu, la femme s'adressera au kadi ; elle prêtera serment qu'elle est sans ressource, et le juge l'autorisera, soit à acheter à crédit, soit à emprunter au compte du mari, soit à vendre tout ou partie des créances et des valeurs mobilières appartenant à son époux, et en cas d'insuffisance. il procédera même à la vente des immeubles.

(P. 189)

Les Hanafites et les Malékites pensent que la femme ne doit pas profiter de l'infortune du mari pour demander le divorce; ils l'engagent à venir à son aide et à partager avec lui ses ressources personnelles, sauf à se faire restituer plus tard les sommes qu'elle aurait avancées, ce qui aura lieu, dit Sidi Khalil, lorsque les dépenses auront été faites dans une limite raisonnable.

Chafeï est d'une opinion différente : il prétend que l'entretien de la femme étant d'obligation étroite, il y a lieu à séparation (divorce par autorité de justice), dès que le mari se trouve dans l'impossibilité d'y pourvoir et, en conséquence. que l'état de gêne dans lequel tombe le mari doit toujours et nécessairement entraîner la dissolution du mariage.

(P. 190. — N° 204)

Et le kadi d'Oran, par jugement du 3 mars 1865. a posé en principe « qu'il appartenait au kadi de fixer la quantité de fournitures « qui doivent être faites à la femme, et ce, selon les époques de « l'année, le prix courant des denrées et la localité qu'occupent « les époux ».

Le texte ajoute : « Le mari doit obligatoirement les gages des

« gens de service à l'usage de la femme, si sa condition le com-
« porte ».

(N° 205)

Nous croyons donc devoir rappeler, avec le Kadi d'Oran, que
la règle posée par Sidi Khalil n'est pas obligatoire, que les décisions rendues sont toutes des décisions de fait, et que le seul principe aujourd'hui admis est celui qui laisse au kadi le soin de déter-
miner l'obligation du mari, eu égard à sa position de fortune, à la
condition de la femme et suivant les usages du pays.

(P. 209. — N° 228.)

L'obligation du père de nourrir, entretenir et élever des enfants, ne s'étend pas aux enfants que la femme aurait eu d'un lit
précédent.

PRÉCIS DE JURISPRUDENCE MUSULMANE

Par M. Perron

(T. III. — P. 136.)

La dépense ou pension alimentaire pour la femme sera fixée, conformémont à la condition du mari, ou par jour, ou par semaine, ou par mois, ou par année (selon que l'individu est ou journalier, ou payé de son travail par semaine ou par mois, ou ne recueille que d'année en année, comme le cultivateur, le jardinier, ce qu'il peut réaliser. La femme reçoit toujours d'avance, à moins d'empêchements forcés qui excusent le mari, ce qui est assigné pour tel temps).

(P. 143.)

Si le mari s'est trouvé dans le dénûment (par exemple pendant le mois de ramadan), après avoir été en état de satisfaire aux dépenses d'entretien pendant le mois précédent, ou mois de chabân, pour lequel cependant il n'a rien payé ou rien fourni de ce qu'il devait, ce temps passé (ou mois de chabân), reste comme dette à la charge du mari, sans qu'il soit besoin pour cela de décision ou d'ordre juridique.

La dispense d'entretien se limite juste à la durée même du temps du dénûment.

La femme a le droit de se faire rembourser ou acquitter par le mari ce qu'elle a dépensé pour lui en aliments, même pendant qu'il

était dans le dénûment, si toutefois ces dépenses n'ont rien eu d'anormal ou d'exagéré dans le moment où elles ont eu lieu, vu le genre de vie de l'individu, et si elles n'ont pas été faites dans une intention de pure bienveillance conjugale. La femme devra donc jurer ou prouver par des témoignages qu'elle n'a dépensé en faveur de son mari que dans l'espoir d'un remboursement.

(P. 148.)

Si le mari est absent et que la femme réclame les frais d'entretien, le kadi ou, à défaut de kadi, une réunion de Musulmans alloucra à la femme une somme convenable sur ce que possède le mari en biens présents ou en biens absents (mais dont le recouvrement est assuré), ou sur les biens ou valeurs qu'il a eu en dépôt, ou sur une créance. Il suffit que la dette soit reconnue par un simple aveu du débiteur. Si le débiteur nie sa dette, la femme devra apporter la preuve de la réalité de la créance. S'il n'y a qu'un seul témoin en faveur de la femme, elle devra jurer de la vérité de ce qu'elle avance.

Après que l'on a livré à la femme ce qui lui a été fixé par le kadi, celui-ci n'a point à exiger qu'elle fournisse un répondant pour ce qu'elle a touché; car le mari, à son retour, aura le reçu (comme moyen de vérification et comme moyen de recours en cas de fraude ou d'inexactitude).

Si le mari qui est en voyage n'a ni valeurs absentes ou présentes, ni valeurs placées en dépôt, ni créances, on vend sa maison (ou toute autre propriété immeuble), mais après s'être assuré qu'il en est réellement propriétaire et qu'il est de notoriété publique qu'il ne s'en est point dessaisi.

(P. 149.)

Si la femme, après l'arrivée de son mari, demande qu'il lui

paye des dépenses alimentaires arriérées pendant le voyage, ensuite si, malgré les assertions du mari, elle lui conteste qu'il se soit trouvé alors dans la gêne et si ni l'un ni l'autre n'apporte la preuve de son dire, on prend pour règle de conduite et de jugement l'état dans lequel était le mari à son retour.

Si le mari n'était pas alors dans le dénûment, il solde à sa femme, après qu'elle a appuyé sa déclaration par un serment, ce qu'il doit d'arriéré.

83791   Paris. — Imp. Typog. et Lithog. Vᵒ Renou et Maulde rue de Rivoli, 144.